BITS & BYTES

Die spannende Geschichte des Computers

Philipp Frühwirth

INHALT

DIE ANFÄNGE DER LOGIK
UND DES RECHNENS

Die Geschichte des Computers beginnt lange vor der Erfindung des modernen Computers im 20. Jahrhundert. Die Wurzeln der Computertechnologie lassen sich bis in die Antike zurückverfolgen. Schon in der Antike gab es Vorgänger des heutigen Rechners: Man nutzte damals Abakus und Rechentafeln, um Berechnungen durchzuführen und Zahlen zu speichern.

Die Anfänge des Rechnens und der Logik gehen jedoch noch weiter zurück. Schon in der Frühzeit der Menschheit musste der Mensch lernen, Zahlen darzustellen und mathematische Berechnungen durchzuführen. Die Zahlen wurden anfangs in Form von Strichen oder Steinen dargestellt. Dabei musste man jedoch aufpassen, dass Steine oder Striche nicht wegrollten oder vom Wind weggeweht wurden.

In der Antike entwickelten sich verschiedene Rechenmethoden und Algorithmen, um mathematische Probleme zu lösen. Der griechische Philosoph Pythagoras entwickelte die Theorie der Zahlen und wurde so zum Begründer der Mathematik.

Es war jedoch vor allem der persische Mathematiker Al-Chwarizmi, der im 9. Jahrhundert n.Chr. bedeutende Fortschritte in der Mathematik erzielte und als Vater der Algebra gilt. Er entwickelte ein System von Algorithmen, die es ermöglichten, lineare und quadratische Gleichungen zu lösen. Zudem erfand er die arabische Zahlschrift, die heute noch weltweit genutzt wird.

Mit der Erfindung des Buchdrucks durch Johannes Gutenberg im Jahr 1455 wurden mathematische Arbeiten und Formeln schneller und einfacher zugänglich. Es war somit möglich, einmal erdachte Rechenmethoden und Algorithmen aufzuschreiben und weiterzuentwickeln.

Eine entscheidende Erfindung für die Entwicklung des modernen Computers war jedoch das Binärsystem. Im späten 17. Jahrhundert entwickelte der deutsche Mathematiker Gottfried Wilhelm Leibniz das System mit binären Zahlen, das heute noch als Grundlage für den digitalen Computer dient.

Die Erfindung des Telegrafen Ende des 18. Jahrhunderts brachte zudem die Möglichkeit der Übertragung von Informationen über große Entfernungen. Der Bedarf nach schnelleren und präziseren Berechnungen und der Austausch von Informationen über große Entfernungen legten den Grundstein für die Entwicklung des modernen Computers.

Zusammenfassend lässt sich sagen, dass die Anfänge der Logik und des Rechnens bis in die Antike zurückreichen und sich über Jahrhunderte hinweg stetig weiterentwickelt haben. Entscheidende Entwicklungen in der Mathematik und die Erfindung des Buchdrucks sowie die Entwicklung des Binärsystems und des Telegrafen legten den Grundstein für den modernen Computer.

CHARLES BABBAGE UND DIE ENTWICKLUNG DER MECHANISCHEN COMPUTER

Charles Babbage war ein englischer Mathematiker, Erfinder und Ingenieur, der im 19. Jahrhundert lebte. Er ist bekannt für seine Arbeit an der Entwicklung von mechanischen Computern und wird oft als "Vater des Computers" bezeichnet.

Bereits in den 1820er Jahren begann Babbage mit der Arbeit an der Entwicklung der "Analytical Engine", einer mechanischen Maschine, die in der Lage war, komplexe mathematische Berechnungen auszuführen. Dieses Projekt wurde von der britischen Regierung finanziell unterstützt und Babbage verbrachte viele Jahre damit, an dem Entwurf der Maschine zu arbeiten.

Die Analytical Engine war ein sehr komplexes und fortschrittliches Gerät. Sie hatte mehrere Teile, darunter eine Druckmaschine, Kartenleser und ein System von Zahnrädern, das in der Lage war, Text auszugeben und auszudrucken. Die Maschine sollte per Lochkarte programmiert werden und konnte arithmetische Berechnungen ausführen, logische Entscheidungen treffen und sogar wiederholende Aufgaben automatisch ausführen.

Laut Babbage konnte die Analytical Engine in der Lage sein, jeden mathematischen Algorithmus auszuführen, der in einer mathematischen Notation dargestellt werden konnte. Diese Fähigkeit würde es ermöglichen, komplexe wissenschaftliche und statistische Berechnungen sehr schnell und effizient durchzuführen.

Allerdings wurde das Projekt nie vollständig umgesetzt. Babbage hatte Schwierigkeiten, ausreichende Mittel zu erhalten, um seine Ideen zu realisieren, und viele der Teile der Maschine wurden nie tatsächlich hergestellt. Trotzdem blieb Babbages Arbeit an der Analytical Engine ein wichtiger Meilenstein in der Geschichte des Computers, da seine Ideen und Entwürfe später von anderen Pionieren der Computertechnologie weiterentwickelt wurden.

Zusätzlich zur Analytical Engine war Babbage auch an der Entwicklung anderer mechanischer Geräte beteiligt, darunter die "Difference Engine", die in der Lage war, Polynome und andere mathematische Berechnungen durchzuführen. Dies war ein wichtiger Beitrag zur Geschichte des Computers, da es zeigte, dass mechanische Geräte in der Lage waren, komplexe mathematische Berechnungen auszuführen, die zuvor nur von Menschen durchgeführt worden waren.

Insgesamt war Charles Babbage ein sehr wichtiger Pionier in der Geschichte des Computers. Seine Arbeit an der Analytical Engine und anderen Maschinen ebnete den Weg für die Entwicklung moderner Computer und verdeutlichte die Macht und Vielseitigkeit von mechanischer Intelligenz.

ADA LOVELACE: DIE ERSTE PROGRAMMIERERIN DER WELT

Ada Lovelace ist eine der faszinierendsten Persönlichkeiten in der Geschichte des Computers. Sie wurde 1815 in London, England, als Ada Byron geboren und war die Tochter des Dichters Lord Byron. Bereits in jungen Jahren zeigte sie ein Talent für Mathematik und Logik.

Als Lovelace 17 Jahre alt war, traf sie den berühmten Mathematiker Charles Babbage, der an der Entwicklung einer Mechanischen Rechenmaschine namens Analytical Engine arbeitete. Babbage erkannte das Talent von Lovelace und bat sie, ihn bei der Entwicklung der Maschine zu unterstützen.

Lovelace war von Babbages Analytical Engine begeistert und sah darin das Potenzial, nicht nur Zahlen zu verarbeiten, sondern auch komplexe Operationen und Algorithmen auszuführen. Lovelace hatte eine Vision für die Zukunft der Maschine und erkannte, dass sie eines Tages in der Lage sein würde, komplexe mathematische Probleme zu lösen und sogar künstliche Intelligenz zu schaffen.

Lovelace begann, sich intensiv mit der Analytical Engine zu beschäftigen, sie studierte ihre Funktionsweise und schrieb ausführliche Notizen darüber. Sie schrieb sogar einen Algorithmus für die Engine - der erste seiner Art. Ihr Werk wurde als "Notes" bezeichnet und galt lange Zeit als das erste Computerprogramm der Welt.

Lovelaces Notizen waren wegweisend für die Zukunft der Computertechnologie und zeigten das enorme kreative Potenzial der Maschine. Sie erkannte, dass die Engine für mehr als nur für die Berechnungen von Zahlen verwendet werden konnte, sondern dass sie auch für die Erstellung von Musik und Grafiken eingesetzt werden konnte.

Leider wurde die Analytical Engine nie vollständig gebaut, und Ada Lovelace starb bereits im Alter von 36 Jahren an Krebs. Sie wurde für ihre Beiträge zur Mathematik und zur Computertechnologie gefeiert und als Pionierin auf ihrem Gebiet anerkannt.

Lovelaces Arbeit schuf den Grundstein für die moderne Computertechnologie und ihre Notizen brachten das Konzept des Programmierens auf eine neue Ebene. Heute gibt es den Ada-Lovelace-Tag, der jedes Jahr am 15. Oktober gefeiert wird, um an ihre Erfolge und die Bedeutung ihres Beitrags zur Computertechnologie zu erinnern.

DIE ENTDECKUNG DER ELEKTRONEN UND ENTSTEHUNG DER RÖHREN-COMPUTER

Dieses Kapitel über die Geschichte des Computers beschäftigt sich mit der Entdeckung der Elektronen und der Entstehung der Röhren-Computer. Besonders in den 1940er und 1950er Jahren fand eine rasant schnelle Entwicklung der Computertechnologie statt, die durch die Entdeckung der Elektronen und der damit einhergehenden verbesserten Technologie der Röhrenverstärker ermöglicht wurde.

Die Entdeckung der Elektronen geht zurück auf das Ende des 19. Jahrhunderts, als J.J. Thomson die negativ geladenen Teilchen durch den sogenannten Kathodenstrahl entdeckte. Diese Entdeckung war revolutionär und lieferte die Grundlage für die Entwicklung der Röhrentechnologie. Die Forschung und Entwicklung der Röhren-Computer begannen in den 1930er Jahren, als erste Röhrenverstärker und Schaltkreise hergestellt wurden. In den 1940er Jahren wurden dann immer größere und leistungsstärkere Röhren-Computer entwickelt, auch bekannt als Vakuumröhren-Computer.

Durch die schnellere Übertragung von Daten und größere Verarbeitungskapazität der Röhren-Computer konnten komplexe Berechnungen und Probleme innerhalb von Minuten gelöst werden, was zuvor Wochen oder Monate dauerte. Allerdings waren die Röhren-Computer auch sehr groß und benötigten viel Energie, mussten ständig gewartet und repariert werden und waren daher sehr teuer.

Dennoch hatten Röhren-Computer einen großen Einfluss auf die Entwicklung der Computertechnologie und bildeten eine wichtige Vorstufe zu modernen Computern. Ein Beispiel für einen Röhren-Computer ist der ENIAC, der 1946 in den USA entwickelt wurde und als einer der ersten elektronischen Großrechner gilt. Der ENIAC wurde verwendet, um ballistische Berechnungen für das Militär zu durchzuführen. Es hatte 40 Stecktafeln und konnte etwa 5.000 Additionen oder Subtraktionen von Zahlen pro Sekunde durchführen, was damals eine enorme Leistung darstellte.

Ein weiteres Beispiel ist der UNIVAC I, der 1951 von Remington Rand entwickelt wurde. Der UNIVAC I wurde für die Volkswirtschaftsstatistik der USA verwendet und konnte 1.000 Rechnungen pro Sekunde durchführen. Es war der erste Computer, der für kommerzielle Zwecke genutzt wurde.

Insgesamt kann gesagt werden, dass die Entdeckung der Elektronen und die Entstehung der Röhren-Computer eine bedeutende technologische Entwicklung in der Geschichte des Computers darstellten. Röhren-Computer wurden schnell von effektiveren und platzsparenderen Technologien, wie Transistoren und später ICs, ersetzt, legten aber den Grundstein für moderne Computer.

DER ENIAC - DER ERSTE ELEKTRONISCHE GROSSRECHNER

Mit der Entdeckung der Elektronen und der Verwendung von Röhren als Schaltelemente im frühen 20. Jahrhundert war es möglich, Maschinen zu bauen, die weitaus schneller und leistungsstärker waren als ihre mechanischen Vorgänger. Der erste elektronische Großrechner, der Electronic Numerical Integrator and Computer (ENIAC), wurde in den 1940er Jahren entwickelt und gilt als Meilenstein in der Geschichte der Computertechnologie.

Der ENIAC wurde von John Mauchly und J. Presper Eckert geplant und gebaut, und sein Hauptzweck war es, den US-Army Ballistikberechnungen zu ermöglichen. Der ENIAC war ein riesiges Gerät, das aus über 17.000 Röhren und fast 500.000 anderen elektronischen Komponenten bestand. Es war so groß, dass es einen ganzen Raum einnehmen musste - tatsächlich benötigte es eine Fläche von rund 167 Quadratmetern.

Der ENIAC war unglaublich schnell - es konnte in einer Sekunde mehrere tausend Rechenschritte durchführen, was im Vergleich zu anderen Maschinen dieser Zeit unglaublich schnell war. Trotz seiner Größe und Leistung war es jedoch schwierig, den ENIAC zu programmieren, da es keine fortgeschrittenen Programmiersprachen gab und jeder Rechenschritt manuell verkabelt werden musste.

Trotz dieser Einschränkungen wurden während des Betriebs des ENIAC viele Fortschritte in der Computerwissenschaft gemacht. Seine Erbauer erkannten schnell das Potenzial von

Computern und ihre Fähigkeit, komplexe Berechnungen schneller durchzuführen als herkömmliche Methode. Darüber hinaus half die Nutzung des ENIAC, zukünftige Entwicklungsprozesse zu beeinflussen. Es ermöglichte Wissenschaftlern, die Macht dieser Maschine zu verstehen und zu erkennen, was mit dieser neuen Technologie erreicht werden konnte.

Obwohl der ENIAC nicht mehr existiert, wird er heute noch in Erinnerung gehalten, weil er den Weg für die Entwicklung großer, schneller und leistungsstarker Rechner ebnete. Er war auch ein wichtiger Schritt in Richtung der Programmierbarkeit von Computern, und half letztendlich bei der Entwicklung von Programmiersprachen und Betriebssystemen, die es ermöglichten, schnell und effizient zu arbeiten.

JOHN VON NEUMANN UND DIE ENTWICKLUNG DES VON-NEUMANN-RECHNERS

John von Neumann war ein ungarisch-amerikanischer Mathematiker, der für seine Arbeit in der Atomphysik, der Quantenmechanik und der Computersysteme bekannt ist. Er trug maßgeblich zur Entwicklung des von-Neumann-Rechners bei, der ein wichtiger Meilenstein bei der Konstruktion moderner Computer darstellt.

In den frühen Tagen der Computerentwicklung wurden die Computerprogramme direkt in die Hardware des Computers integriert. Das bedeutete, dass jede Aufgabe, die der Computer ausführen sollte, auf der Hardware des Computers festgelegt war. Der von-Neumann-Rechner ermöglichte es jedoch, dass Programme aus einer separaten Quelle ausgeführt werden können, und dass der Computer in der Lage war, die Befehle und die Daten in einem Speicherbereich des Computers zu speichern und darauf zuzugreifen.

Dieser Ansatz eröffnete viele Möglichkeiten für die Programmierung von Computern und legte den Grundstein für die moderne Computerarchitektur, die heutzutage noch verwendet wird. Mit der von-Neumann-Architektur lassen sich Programme flexibler und effizienter schreiben, wodurch die Computerleistung verbessert werden konnte. John von Neumanns Beiträge zur modernen Computerarchitektur legten den Grundstein für die Entwicklungen im Bereich der künstlichen Intelligenz, die heute immer weiter voranschreiten.

John von Neumanns Arbeit an Computerprogrammen hatte

auch in vielen anderen Bereichen erhebliche Auswirkungen. Einer seiner bekanntesten Beiträge zur Mathematik war die Von-Neumann-Algebra, eine Methode zur Analyse von unendlichen Mengen. Dies hatte weitreichende Anwendungen in der Quantenmechanik, wo sie bei der Beschreibung von physikalischen Systemen Verwendung findet.

John von Neumann setzte sich darüber hinaus auch für die Zusammenarbeit zwischen Wissenschaftlern und Ingenieuren ein, um die Entwicklung von Technologie und Wissenschaft gemeinsam voranzutreiben. Er arbeitete an der Entwicklung des Hydrogen Bomb Projekts und erkannte die immense Bedeutung der Zusammenarbeit und des Austauschs von Wissen und Fähigkeiten in der Forschung.

Insgesamt hat John von Neumanns Arbeit einen enormen Einfluss auf die moderne Computertechnologie und die Mathematik im Allgemeinen gehabt. Seine Beiträge waren ausschlaggebend bei der Entwicklung des von-Neumann-Rechners, der noch heute die Grundlage für moderne Computer bildet.

IBM UND DIE ENTSTEHUNG
DES PERSONAL COMPUTERS

Nach der Entwicklung des ENIAC machte die Fortschritte in der Computerindustrie eine beispiellose rasante Weiterentwicklung durch. Mit der Einführung des UNIVAC 1951 begann das Maschinenzeitalter und der Erfolg der Großrechner. Durch immer weitere Verbesserungen und Miniaturisierung wurde es jedoch immer deutlicher, dass sich auch kleiner Maschinen mit massiven Speicher- und Verarbeitungsleistung einsetzen ließen.

Die Erfindung des Transistors 1948 war dabei ein Meilenstein. Es ist ein Halbleiter-Bauteil, das Signale steuert und verstärkt. Dies ermöglichte es, die Größe von Computern zu reduzieren und ihre Zuverlässigkeit und Leistungsfähigkeit zu verbessern. John Bardeen, Walter Brattain und William Shockley erhielten dafür den Nobelpreis für Physik.

Ebenfalls in den 1950er Jahren begann IBM, in Personal Computer zu investieren, um in das aufkeimende kleine Computergeschäft einzusteigen. IBM entwickelte 1965 ihren ersten kleinen Computer, den IBM System/360, der weithin als Durchbruch in der Computerarchitektur gilt. Dieser Computer ermöglichte es verschiedenen Unternehmen, Desktop-Computer zu entwickeln und zu produzieren. Das Unternehmen setzte jedoch aufgrund seines Rufes als führender Großrechnerhersteller darauf, Unternehmen mit der Hardware und Software zur Verfügung zu stellen, um ein integriertes Datenverarbeitungsprogramm und umfangreiche Systeme aufzubauen. Der IBM PC von 1981 war jedoch ihr erster richtiger Einstieg in den Small-Computer-Markt.

IBM entwickelte den PC auf der Grundlage von offener Hardware und Software, wie der 8088-Prozessor von Intel und Microsofts

Betriebssystem MS-DOS. Es war das erste System, das die Verwendung austauschbarer Teile und Zubehörteile erlaubte. Das ermöglichte es anderen Herstellern, ihre eigenen PCs zu entwickeln und zu verkaufen, was dazu beitrug, dass der Personal Computer zum Standard im Büro und Zuhause wurde.

Ein weiterer wichtiger Meilenstein in der Entwicklung von IBM war auch das System/38-Computersystem, das 1979 veröffentlicht wurde. Dieses System war ein Vorläufer des modernen Betriebssystems. Es vereinfachte den Umgang mit Daten, indem es Datenbanken und eine programmierbare Benutzeroberfläche einführte. Das System/38-Computersystem war auch das erste Computersystem, das den Bedarf an Systemprogrammierern minimierte, indem es den Anwender in die Lage versetzte, seine eigenen Anwendungen zu erstellen und zu programmieren.

IBM hat seitdem viele erfolgreiche Systeme und Computer entwickelt. IBM hat jedoch auch einen Rückschlag durch die Markteinführung des Macintosh-Computers von Apple in den 1980er Jahren hinnehmen müssen, was dazu beigetragen hat, das Unternehmen aus dem Personal-Computer-Geschäft zu verdrängen. IBM hat diesen Schwerpunkt jedoch auf andere Bereiche verschoben, wie den Verkauf und Support von Mainframes und ähnlicher Hardware.

Letztendlich hat die Rolle von IBM in der Personal-Computer-Branche dazu beigetragen, den Computerzugriff in Büros und Zuhausen zu verbessern. IBM-Syssteme und Produktrungen sind auch heute noch ein bestimmender Faktor in der modernen Computerindustrie.

DER APPLE MACINTOSH UND DIE REVOLUTION DER BENUTZEROBERFLÄCHE

In den frühen 1980er Jahren betrat Apple Computer den Markt für Personal Computer mit einer einzigartigen Produktlinie, die einen Wendepunkt in der Computergeschichte markierte: der Apple Macintosh. Der Macintosh, auch bekannt als Mac, hatte eine revolutionäre Benutzeroberfläche, die das Bedienen eines Computers für den durchschnittlichen Benutzer wesentlich einfacher machte.

Steve Jobs hatte schon immer großartige Visionen für die Zukunft des Computers und der Technologie. Mit dem Macintosh wollte er einen Computer schaffen, der nicht nur benutzerfreundlicher war als die damals erhältlichen Modelle, sondern auch ästhetisch ansprechend und designorientiert.

Der erste Macintosh-Computer wurde 1984 auf einer Werbeveranstaltung mit einem berühmten Super Bowl-Werbespot vorgestellt, der das Bild von Big Brother aus George Orwells "1984" umkehrte und Apples neue Computerphilosophie als befreiend darstellte.

Ein Schlüsselelement des Betriebssystems des Mac war die Benutzeroberfläche, die im Wesentlichen die Verwendung von Icons und Graphiken anstelle von Befehlszeilen ermöglichte. Mit einem Mausklick konnte man Programme öffnen, schließen und verschieben. Das Konzept war so erfolgreich, dass es bald von anderen Computerherstellern übernommen wurde und bis heute eine wichtige Rolle bei der Gestaltung von Benutzeroberflächen spielt.

Der Macintosh führte auch das Grundkonzept von WYSIWYG (What You See Is What You Get) ein, was bedeutete, dass das, was der Benutzer auf dem Bildschirm sah, genau dem Ausdruck auf Papier entsprach. Dies war eine wichtige Neuerung, da es Benutzern ermöglichte, unmittelbar Feedback zu erhalten und den Ausdruck nach Bedarf anzupassen.

Zusätzlich zu seiner einzigartigen Benutzeroberfläche war der Macintosh auch ein wichtiger Meilenstein in der Entwicklung von Desktop-Publishing-Software. Die Verfügbarkeit von Applikationen wie Aldus PageMaker und Adobe Illustrator ermöglichte es Benutzern, professionell gestaltete Dokumente und Grafiken zu erstellen, was in der Geschäftswelt einen enormen Einfluss hatte.

Die Erfindung des Macintosh und seiner innovativen Benutzeroberfläche hat zweifellos dazu beigetragen, den Weg für die Entwicklung von modernen Computern und mobilen Geräten zu ebnen. Apple hat sich seitdem weiterentwickelt und seine Produktlinie erweitert, wobei die Benutzererfahrung immer im Mittelpunkt steht.

Insgesamt hat der Macintosh nicht nur die Art und Weise verändert, wie Menschen Computer verwenden, sondern auch, wie Computerhersteller ihre Produkte designen. Der Macintosh war ein Wendepunkt in der Geschichte der Computertechnologie, der zahlreiche Entwicklungen in der Computerindustrie auslöste, die bis heute anhalten.

MICROSOFT UND DIE ENTSTEHUNG DES WINDOWS-PCS

In den 1980er Jahren sorgte Microsoft mit der Veröffentlichung des Betriebssystems MS-DOS (Microsoft Disk Operating System) für Aufregung auf dem Markt der Personal Computer. Doch es war die Veröffentlichung von Windows im Jahr 1985, die einen tiefgreifenden Einfluss auf die Computerindustrie hatte.

Windows wurde von Microsoft als grafische Benutzeroberfläche entwickelt und sollte es den Anwendern erleichtern, Programme auf personalisierten Computern ohne tiefes technisches Verständnis ausführen zu können. Damals war das Betriebssystem von Apple mit einer ähnlichen Benutzeroberfläche ausgestattet, aber auf Grund von hohen Kosten war es nicht auf dem Mainstreammarkt verfügbar. Microsoft Windows war hingegen auf fast allen PC-Marken zu finden und somit weitaus verbreiteter.

Windows bot außerdem eine Vielzahl von Funktionen, die MS-DOS nicht bieten konnte, wie z.B. die Möglichkeit mehrere Anwendungen gleichzeitig auszuführen, eine taskbar zur einfachen Navigation zwischen Programmen und eine Dateiverwaltung, die es dem Anwender ermöglichte, Dateien und Ordner auf der Festplatte zu organisieren. Ein weiterer entscheidender Vorteil war, dass Windows auf einer breiteren Palette von Hardware-Systemen laufen konnte als das MS-DOS-Betriebssystem von Microsoft.

Microsoft Windows hat einen wichtigen Platz in der Geschichte der Computersoftware eingenommen, nicht zuletzt aufgrund der Vielzahl von Anwendungen, die seit seiner Einführung entwickelt wurden. Die meisten kommerziellen Programme wie Desktop-Verwaltungssoftware, Browser und auch Spiele wurden auf Windows-Betriebssystemen entwickelt und läuft auch heute noch auf Windows-PCs.

Seit der Einführung von Windows hat Microsoft sein Betriebssystem kontinuierlich weiterentwickelt und neue Versionen veröffentlicht, wie z. B. Windows 95, Windows XP, Windows 7 und Windows 10. Jeder Schritt repräsentiert eine wichtige Verbesserung in der Benutzerfreundlichkeit, Sicherheit und Leistung.

In der modernen Zeit ist Windows einer der bekanntesten und meistgenutzten Namen auf dem PC-Markt und hat maßgeblich dazu beigetragen, eine Brücke zwischen Benutzer und Technologie zu schlagen.

DIE ENTSTEHUNG DES INTERNETS UND DIE ENTWICKLUNG DER NETZWERKTECHNOLOGIE

Das Internet ist heute allgegenwärtig und kaum mehr aus unserem Leben wegzudenken. Doch wie ist das Netzwerk entstanden und welche Technologie steckt dahinter?

Die Wurzeln des Internets reichen bis in die 1960er Jahre zurück, als das US-amerikanische Verteidigungsministerium das Advanced Research Projects Agency Network (ARPANET) gründete. Ziel war es, ein Netzwerk zu schaffen, das es den Forschern und Wissenschaftlern ermöglichte, Informationen zu teilen und miteinander zu kommunizieren. Eine wichtige Rolle spielte dabei die Idee, ein dezentrales Netzwerk zu schaffen, das auch bei einem Ausfall einzelner Knotenpunkte funktionsfähig blieb.

Die Entwicklung des Internets war von zahlreichen technologischen Fortschritten geprägt. Eine entscheidende Rolle spielte dabei die Entwicklung des Transmission Control Protocol (TCP) und des Internet Protocol (IP) in den frühen 1970er Jahren. Diese Technologien ermöglichten es, Datenpakete in kleine Einheiten zu zerlegen und sie über verschiedene Netzwerke zu versenden und am Ziel wieder zusammenzusetzen. Das Prinzip des Paketvermittlung wird auch heute noch im Internet verwendet.

Eine weitere wichtige Entwicklung war die Einführung des Domain Name Systems (DNS) in den 1980er Jahren. Das DNS ermöglichte es, Adressen wie www.beispiel.com in numerische

IP-Adressen umzusetzen, die von Computern verarbeitet werden können. Dadurch wurde das Surfen im Internet wesentlich einfacher, da man sich nicht mehr die IP-Adressen merken musste.

In den 1990er Jahren begann dann die globale Verbreitung des Internets. Eine entscheidende Rolle spielte dabei die Einführung des World Wide Web durch den britischen Physiker Tim Berners-Lee im Jahr 1989. Das World Wide Web ermöglichte es, multimediale Inhalte wie Texte, Bilder und Videos über das Internet zu verbreiten. Ein weiterer Meilenstein war die Erfindung des Webbrowsers durch Marc Andreessen und sein Team am National Center for Supercomputing Applications (NCSA) im Jahr 1993. Mit dem Mosaic-Browser waren Texte, Bilder und andere Inhalte wesentlich einfacher und schneller zu betrachten als zuvor.

In den folgenden Jahren entwickelte sich das Internet zu einem Massenmedium. Immer mehr Menschen nutzten das Netzwerk nicht nur beruflich, sondern auch privat. Der Einsatz von sozialen Medien und mobilen Endgeräten beschleunigte diesen Prozess zusätzlich. Heute ist das Internet ein fester Bestandteil unseres täglichen Lebens und hat die Art und Weise, wie wir kommunizieren, arbeiten und uns informieren, grundlegend verändert. Und die Entwicklung geht weiter - mit der zunehmenden Verbreitung des Internets der Dinge (IoT) werden immer mehr Geräte untereinander vernetzt und kommen so in der Lage, sich automatisch zu steuern und zu optimieren. Die Möglichkeiten scheinen unbegrenzt.

DER WORLD WIDE WEB UND DIE GEBURT DES MODERNEN INTERNETS

Das World Wide Web (WWW) ist heute das meistgenutzte Teil des Internets, auf dem wir unsere täglichen Online-Aktivitäten wie E-Mail, soziale Medien, Online-Shopping und vieles mehr durchführen. Aber die Entstehung des WWW begann als eine einfache Idee, die von Tim Berners-Lee, einem britischen Computerspezialisten, im Jahr 1989 entwickelt wurde.

Berners-Lee arbeitete damals am CERN, dem europäischen Forschungszentrum für Teilchenphysik in Genf. Er war frustriert darüber, dass die Informationen und Daten, die von verschiedenen Forschern weltweit gesammelt wurden, von verschiedenen Computersystemen und Datenbanken abhingen und nicht leicht zugänglich waren. Dies inspirierte ihn, ein System zu entwickeln, mit dem diese Informationen von jedem Ort aus zugänglich gemacht werden können.

Das Konzept von Berners-Lee war einfach: Er wollte ein System schaffen, das aus einer globalen Sammlung von miteinander verbundenen Dokumenten bestand, die durch Hyperlinks miteinander verbunden sind. Um dies zu erreichen, entwickelte er das HyperText Markup Language (HTML), die Sprache, die zur Erstellung von Webseiten verwendet wird, und die Uniform Resource Locator (URL), die die eindeutige Identifizierung von Webseiten ermöglicht.

Das erste Website, das jemals erstellt wurde, war info.cern.ch. Es enthielt Informationen über das WWW-Projekt sowie Anleitungen zur Verwendung von HTML und anderen

Technologien, die das WWW unterstützen. Das WWW wurde schnell beliebt und im Jahr 1991 hatte es bereits mehrere hundert Benutzer weltweit.

Eine der wichtigsten Entwicklungen, die das Wachstum des modernen Internets förderten, war die Einführung des Webbrowsers Mosaic im Jahr 1993. Mosaic war der erste Webbrowser, der Bilder direkt auf einer Webseite anzeigte, anstatt sie als separate Links anzuzeigen, was das Surfen im Web wesentlich benutzerfreundlicher machte.

In den folgenden Jahren entwickelte sich das WWW schnell und wurde zu einem der wichtigsten Aspekte des Internets. Es ermöglichte Benutzern den einfachen und schnellen Zugriff auf Informationen und hat die Art und Weise verändert, wie wir kommunizieren und Geschäfte tätigen.

Heute sind viele Menschen rund um den Globus vom Internet abhängig, um Informationen abzurufen, zu kommunizieren und zu arbeiten. Dies ist ein Ergebnis der visionären Arbeit von Menschen wie Tim Berners-Lee und der vielen Entwickler, die an dieser bahnbrechenden Technologie gearbeitet haben, um das World Wide Web zu einer integralen Komponente unseres täglichen Lebens zu machen.

DIE ENTSTEHUNG DES SMARTPHONES UND DIE INTEGRATION VON COMPUTERTECHNOLOGIE IN MOBILE GERÄTE

Die Anfänge der mobilen Kommunikation gehen auf das Jahr 1973 zurück, als Martin Cooper, ein Ingenieur bei Motorola, das erste mobile Telefon, bekannt als DynaTAC, entwickelte. Doch bis in die 1990er Jahre waren Mobiltelefone schwer und teuer und verfügten über begrenzte Funktionen. Die eigentliche Revolution auf dem Gebiet der mobilen Kommunikation begann im Jahr 2007, als Apple das erste iPhone auf den Markt brachte.

Das iPhone war innovativ durch die Integration einer Vielzahl von Technologien und Anwendungen, darunter Telefonie, Textnachrichten, E-Mail, Internetzugang, Musik und Multimedia. Es setzte neue Standards im Bereich des Touchscreens und der Benutzeroberfläche und löste eine neue Welle von mobilen Geräten aus, die ein breites Spektrum an Funktionen bieten.

Die Entwicklung von Smartphones erfolgte in enger Verbindung mit der Entwicklung der Computertechnologie. In der Tat, Smartphones sind im Wesentlichen kleine Computer mit Telefonfunktionen. Smartphones verwenden Betriebssysteme wie iOS und Android, die speziell für mobile Geräte entwickelt wurden.

Die Hauptkomponenten eines Smartphones umfassen einen Prozessor, einen Bildschirm, eine Kamera, einen Speicher und ein drahtloses Modem. Das drahtlose Modem ermöglicht es, auf das Internet und andere Netzwerke wie Wi-Fi und Bluetooth zuzugreifen. Die meisten Smartphones haben außerdem eine Vielzahl von Sensoren, die es ermöglichen, Informationen wie Position, Geschwindigkeit und Umgebung zu sammeln.

Ein weiteres wichtiges Element der Smartphone-Entwicklung ist die Integration von Apps. Apps sind Anwendungen, die speziell für Smartphones entwickelt wurden und eine Vielzahl von Funktionen bieten, von Spielen und Unterhaltung bis hin zur Arbeit und Produktivität.

Einige der wichtigsten Konkurrenten von Apple auf dem Gebiet der Smartphones sind Unternehmen wie Samsung, Huawei und Xiaomi. Microsoft versuchte auch, in den Markt einzusteigen, hatte aber wenig Erfolg mit seiner Windows Phone-Plattform.

Die rasante Entwicklung von Smartphones hat das Leben von Millionen von Menschen auf der ganzen Welt verändert und ihre Art der Kommunikation, des Arbeitens und des Entertainments revolutioniert. Die Integration von Computertechnologie in mobile Geräte hat die Art und Weise verändert, wie wir die Welt erleben und unsere Aufgaben erledigen.

DIE ENTWICKLUNG VON KÜNSTLICHER INTELLIGENZ UND MACHINE LEARNING

Die Entwicklung von Künstlicher Intelligenz (KI) und Machine Learning (ML) in den letzten Jahrzehnten hat die Welt grundlegend verändert. KI-Systeme und Algorithmen werden heute in vielen Bereichen eingesetzt, darunter in der Medizin, im Finanzwesen, in der Robotik und sogar in der Kunst.

Die Idee der KI besteht schon seit vielen Jahrzehnten, aber es war erst in den 1950er Jahren, als Forscher wie Alan Turing und John McCarthy detailliertere Konzepte entwickelten. Die Idee war, dass Maschinen in der Lage sein sollten, menschenähnliche Entscheidungen und Aktionen auszuführen, indem sie menschliches Verhalten und Denkmuster imitierten. Es brauchte jedoch viel Rechenleistung und Daten, um diese Idee in die Praxis umzusetzen.

Erst in den 1980er Jahren begannen Computer, schneller und billiger zu werden, wodurch die Entwicklung von KI-Systemen und -Algorithmen beschleunigt wurde. Vor allem mit der Entwicklung des maschinellen Lernens, einer Zweigdisziplin der KI, konnten Computerprogramme immer mehr aus Erfahrung lernen und Muster in Daten entdecken.

In den 1990er Jahren begannen Unternehmen, KI-Technologien in ihre Produkte und Services zu integrieren. So haben beispielsweise Unternehmen der Finanzbranche KI-Systeme eingeführt, um das Risikomanagement zu verbessern und den Kunden bessere Beratung zu bieten. Auch in der Medizin werden KI-Systeme genutzt, um Diagnosen zu stellen und Behandlungen zu optimieren.

Mit dem Aufkommen von Big Data und der Vernetzung von Systemen und Geräten im Rahmen des Internets der Dinge (IoT) hat sich das Potenzial von KI-Systemen weiter erhöht. Machine Learning-Algorithmen, die in der Lage sind, aus großen Mengen von Daten zu lernen und Vorhersagen zu treffen, sind mittlerweile in der Lage, Datenströme in Echtzeit zu analysieren und darauf basierend Entscheidungen zu treffen.

Natürlich gibt es auch Risiken im Zusammenhang mit KI und Machine Learning, wie beispielsweise die Möglichkeit von Datenschutzverletzungen. Es wird jedoch erwartet, dass diese Technologien in Zukunft einen immer größeren Einfluss auf unser tägliches Leben und unsere Wirtschaft haben werden. KI hat das Potenzial, viele Probleme zu lösen und Innovationen in fast allen Branchen voranzutreiben.

DIE ENTSTEHUNG DES CLOUD COMPUTING UND DER BEDEUTUNG FÜR DAS MODERNE ZEITALTER

Das Cloud Computing ist heutzutage allgegenwärtig und hat sich zu einem unverzichtbaren Bestandteil des modernen Lebens entwickelt. Es ermöglicht es den Nutzern, Software und Daten von jeder beliebigen Stelle aus abzurufen und zu nutzen, solange eine Internetverbindung besteht.

Die Entstehung des Cloud Computing geht auf die 1950er Jahre zurück, als Computer-Unternehmen wie IBM versuchten, Benutzern den Zugriff auf ferne Computer zu ermöglichen. Das Konzept des "Time-Sharing" wurde entwickelt, bei dem mehrere Nutzer gleichzeitig einen Computer nutzen konnten, indem sie dessen Leistung in kurzen Intervallen mieteten.

In den 1990er Jahren entwickelten Unternehmen wie Amazon und Google die Technologie weiter, indem sie ihre eigenen Server-Farmen aufbauten und begannen, Dienste wie Web-Hosting, E-Mail und Online-Speicher anzubieten. Das Konzept der Cloud wurde geboren: eine Sammlung von Servern, die es den Nutzern erlauben, Software oder Daten in einem Netzwerk von Computern zu speichern, abzurufen und zu nutzen.

In den letzten Jahren hat sich das Cloud Computing aufgrund seiner vielen Vorteile und der zunehmenden Verfügbarkeit von erschwinglicher Breitband-Internetverbindung enorm weiterentwickelt. Unternehmen und Organisationen aller Größen nutzen nun Cloud-Computing-Dienste, um ihre IT-Infrastruktur und -Anwendungen auszulagern und sich auf ihre

Kernkompetenzen zu konzentrieren.

Die Vorteile des Cloud Computing liegen auf der Hand. Erstens ermöglicht es den Nutzern den Zugriff auf die benötigte Software und die Daten von jedem Computer oder Gerät mit einer Internetverbindung aus. Zweitens bietet es eine kosteneffiziente Möglichkeit, Computerressourcen zu nutzen, da die Nutzer nur für das bezahlen, was sie tatsächlich benötigen. Drittens bietet es eine hohe Flexibilität, die es Unternehmen erlaubt, schnell auf veränderte Geschäftsanforderungen zu reagieren und ihre IT-Infrastruktur entsprechend anzupassen.

Die Auswirkungen des Cloud Computing auf die Gesellschaft sind enorm. Es hat die Art und Weise verändert, wie Menschen und Unternehmen Technologie nutzen, und hat zu einer zunehmenden Dezentralisierung der Computingressourcen geführt. Es hat auch die Entwicklung von neuen Geschäftsmodellen und Dienstleistungen wie SaaS (Software as a Service), IaaS (Infrastructure as a Service) und PaaS (Platform as a Service) ermöglicht.

Das Cloud Computing wird zweifellos weiterhin eine wichtige Rolle in der Entwicklung der IT-Industrie und der Gesellschaft als Ganzes spielen. Es wird dazu beitragen, dass Unternehmen und Organisationen aller Größen ihre Produktivität und Leistungsfähigkeit steigern können, indem sie sich auf das konzentrieren, was wirklich wichtig ist: ihr Geschäft.

CYBERKRIMINALITÄT UND DIE WICHTIGKEIT VON CYBERSECURITY

Mit dem Aufkommen des Internets und der immer weiter wachsenden Nutzung von Computern, ist auch die Cyberkriminalität ein vermehrtes Problem geworden. Cyberkriminalität ist jedwedes Verbrechen, das durch den Einsatz von Computern und Netzwerktechnologie stattfindet.

Grob unterteilt lässt sich Cyberkriminalität in zwei Arten von Verbrechen eingliedern: Den Angriff auf Computersysteme und Cyberkriminalität, welche auf menschliches Fehlverhalten abzielt. Beides kann für die Geschädigten schwerwiegende Konsequenzen haben.

Ein Beispiel für den Angriff auf Computer ist der sogenannte Virus, eine Art von Schadsoftware, die darauf abzielt, Daten zu stehlen oder ganzen Systeme zu zerstören. Diese Schadsoftware kann von außen auf das System eindringen oder intern durch Mitarbeiter implementiert werden.

Menschliche Fehler können beispielsweise eine verleitete Freigabe von sensiblen Daten für Cyberkriminelle sein, welche dann für Identität-Diebstahl oder Betrug nutzen. Ebenso können auch Phishing-Angriffe dafür verantwortlich gemacht werden, wobei die Opfer dazu verleitet werden, bösartige Links anzuklicken oder ihre persönlichen Daten preiszugeben.

Die Wichtigkeit von Cybersecurity ist für Unternehmen und Einzelpersonen gleichermaßen immens. Es gibt mehrere Möglichkeiten, um sich vor Cyberkriminalität und Sicherheitsbedrohungen zu schützen. Eine Möglichkeit ist das

Einrichten von Firewalls, um System-Sicherheitsverletzungen zu vermeiden. Ebenso können auch regelmäßige System-Updates und Passwort-Änderungen dazu beitragen, die Sicherheit der eigenen Daten zu erhöhen.

Schulungen zum Thema Cybersecurity sind heutzutage sehr verbreitet und bieten sowohl Unternehmen als auch Einzelpersonen hilfreiche Tipps und Tricks, um vor Cyberkriminalität zu schützen. Dies umfasst beispielsweise das Identifizieren und Vermeiden von unsicheren Links, sowie den sicheren Umgang mit Online-Shopping, Banktransaktionen und sensiblen Daten.

Die Bedeutung von Cybersecurity ist in der modernen Welt nicht zu unterschätzen. Eine Verletzung der Digitalen Sicherheit kann langfristige Schäden für Unternehmen und Personen gleichermaßen verursachen. Cyberkriminalität ist ein Problem, das nicht nur die virtuelle Welt, sondern auch unser tägliches Leben betrifft.

DER EINFLUSS DER COMPUTERINDUSTRIE AUF DIE WELTWIRTSCHAFT UND DAS MANAGEMENT

Die Computerindustrie hat in den letzten Jahrzehnten einen enormen Einfluss auf die Weltwirtschaft und das Management ausgeübt. Die schnelle Entwicklung der Technologie und die rasche Verbreitung von Computern haben viele Geschäftsfelder revolutioniert und neue Geschäftsmöglichkeiten geschaffen.

IT-Unternehmen wie Microsoft, Apple und Google haben nicht nur die Art und Weise verändert, wie wir kommunizieren und Informationen teilen, sondern auch die Art und Weise, wie Unternehmen arbeiten. Die rasche Verbreitung von Computern und die Verlagerung von Daten und Informationen in die Cloud hat neue Geschäftschancen und -modelle geschaffen, die zu einem dynamischen und wettbewerbsintensiven Markt geführt haben.

Die Computerindustrie hat auch ihre Spuren in den Bereichen der Produktion, des Marketings und der Logistik hinterlassen. Die Einführung von Supply-Chain-Management-Systemen hat dazu beigetragen, die Effizienz und Transparenz in der Lieferkette zu verbessern, indem sie Echtzeitdaten und -informationen bereitstellen.

Das Management hat sich auch verändert, da die IT-Industrie zur Verbesserung von Geschäftsprozessen und -entscheidungen beigetragen hat. Der Einsatz von Datenanalysen und -visualisierungen hat Entscheidungsträgern bei der Identifizierung von Geschäftschancen und -risiken geholfen sowie die Effektivität und Effizienz der Geschäftsprozesse verbessert.

Ein weiterer wichtiger Faktor ist die Entstehung von Giganten in der Branche, die die gesamte Industrie und den Markt dominieren. Unternehmen wie Microsoft, Apple, Google und Amazon haben ihre STellung in der Branche nicht nur aufgrund ihrer Innovationen, sondern auch durch gezielte Übernahmen und Fusionen gestärkt und ausgebaut.

Allerdings ist die Computerindustrie auch ein Risiko für die Weltwirtschaft, da die Konzentration der Unternehmen zu monopolartigen Zuständen führt und eine Einschränkung des Wettbewerbs und des freien Marktes darstellt.

Insgesamt hat die Computerindustrie zweifellos erhebliche Auswirkungen auf die Weltwirtschaft und das Management. Die rasche Entwicklung der Technologie und der Markt sowie die Konzentration auf einige wenige Giganten haben den Wettbewerb und die Vielfalt möglicherweise eingeschränkt. Dennoch hat die Technologie auch viele neue Geschäftsmöglichkeiten geschaffen und die Effizienz und Transparenz in der Lieferkette und anderen Geschäftsbereichen verbessert.

DER EINFLUSS DER COMPUTERINDUSTRIE AUF DIE GESELLSCHAFT UND DAS TÄGLICHE LEBEN

Die Computerindustrie hat in den letzten Jahrzehnten einen enormen Einfluss auf die Gesellschaft und das tägliche Leben gehabt. Jede Facette unseres Lebens wurde in irgendeiner Weise von Computertechnologie beeinflusst, von der Art und Weise, wie wir kommunizieren, bis hin zu unseren Arbeitsplätzen und sogar unserer Freizeit.

Ein deutliches Beispiel für den Einfluss der Computerindustrie auf die Gesellschaft ist die Art und Weise, wie wir kommunizieren. Mit der Einführung von E-Mails, Instant Messaging und sozialen Medien ist es einfacher denn je, mit Menschen auf der ganzen Welt in Kontakt zu treten. Wir können in Echtzeit Fotos und Videos teilen, unabhängig davon, wo wir uns befinden, was dazu beigetragen hat, dass die Welt zu einem kleineren Ort geworden ist.

Ein weiterer Bereich, in dem die Computerindustrie einen Einfluss hat, ist die Arbeitswelt. Die Einführung von Computern in Unternehmen hat viele Arbeitsplätze verändert, indem sie Prozesse automatisiert und die Effizienz gesteigert hat. Auch ist es heute viel einfacher, von zu Hause aus zu arbeiten, dank der Möglichkeit des Fernzugriffs auf Daten und Anwendungen, was Arbeitnehmer und -geber gleichermaßen flexibler macht.

In der Freizeit haben Computer und digitale Technologien ebenfalls eine entscheidende Rolle gespielt. Streaming-Dienste wie Netflix und Spotify haben die Art und Weise, wie wir Musik hören und Filme schauen, revolutioniert. Das Spielen von Videospielen ist zu einem der beliebtesten Freizeitbeschäftigungen geworden, und die ständige Weiterentwicklung von Grafiken und Technologie sorgt dafür, dass die Branche weiter wächst.

Natürlich hat der Einfluss der Computerindustrie nicht nur positive Auswirkungen gehabt. Die Abhängigkeit von Technologie birgt Herausforderungen in Bezug auf Datensicherheit und Datenschutz, und der Anstieg von Cyberkriminalität hat auch dazu beigetragen, dass die Überwachung unserer Online-Aktivitäten wichtiger denn je geworden ist.

Insgesamt hat die Computerindustrie die Art und Weise, wie wir leben, arbeiten und unsere Freizeit verbringen, dramatisch verändert. Ohne sie würde unsere Welt heute ganz anders aussehen. Wir dürfen jedoch nicht vergessen, dass jeder technologische Fortschritt auch eine Verantwortung mit sich bringt, um sicherzustellen, dass er sich positiv auf unsere Gesellschaft auswirkt.

DIE ZUKUNFT DER COMPUTERTECHNOLOGIE UND DIE ENTWICKLUNGEN, DIE UNS NOCH BEVORSTEHEN

Die Welt der Computertechnologie ist eine, die sich ständig weiterentwickelt. Was heute modern ist, kann morgen schon veraltet sein. In den letzten Jahrzehnten haben die Fortschritte in der Technologie enorme Auswirkungen auf unser Leben gehabt, und es wird erwartet, dass dies auch in der Zukunft so bleiben wird.

Eine der wichtigsten Entwicklungen in jüngster Zeit ist die künstliche Intelligenz und das maschinelle Lernen. Mit diesen Technologien können Maschinen lernen, Entscheidungen zu treffen und sogar menschliche Emotionen zu erkennen. In Zukunft wird die künstliche Intelligenz voraussichtlich noch stärker auf unser tägliches Leben Einfluss nehmen, zum Beispiel in der Medizin, wo sie bei der Diagnose und Behandlung von Krankheiten helfen kann.

Ein weiterer wichtiger Trend ist das Internet der Dinge (IoT). Hierbei handelt es sich um eine Technologie, die es Geräten ermöglicht, miteinander zu kommunizieren und Daten auszutauschen. Dies kann zu erheblichen Fortschritten in Bereichen wie der Fertigung, der Automatisierung und der Haustechnik führen, um nur einige zu nennen.

In der Zukunft werden wir auch eine Zunahme der Virtual-Reality-Technologie sehen. Diese Technologie ermöglicht es uns, in eine virtuelle Welt einzutauchen und interaktiv mit ihr zu interagieren. Virtual-Reality-Brillen werden immer erschwinglicher und verbessern sich ständig in Bezug auf Auflösung und Bildqualität. In der Zukunft könnten wir Virtual-Reality-Technologie nutzen, um komplexe Aufgaben zu erledigen, wie zum Beispiel die Erkundung eines fremden Planeten oder die Durchführung von Operationen in der Medizin.

Die Blockchain-Technologie ist ein weiterer Bereich, der in Zukunft eine wichtige Rolle spielen wird. Blockchain ist eine sichere und transparente Technologie, die eine dezentrale Datenbank nutzt, um Transaktionen zu ermöglichen. Diese Technologie findet bereits Anwendung in Bereichen wie der Finanzindustrie und im E-Commerce, und es wird erwartet, dass sich ihre Anwendungen in der Zukunft erweitern werden.

Die Zukunft der Computertechnologie ist aufregend und voller Möglichkeiten. Die Entwicklungen, die wir in den letzten Jahrzehnten gesehen haben, sind erst der Anfang, und es wird erwartet, dass in der Zukunft noch viele weitere revolutionäre Entwicklungen folgen werden.

KOMMERZIELLE ANWENDUNGEN VON COMPUTERPROGRAMMEN IN DER MODERNEN GESELLSCHAFT

Kommerzielle Anwendungen von Computerprogrammen sind in der heutigen Welt allgegenwärtig. Von der Verarbeitung von Kauftransaktionen bis zur Verwaltung von Kundenkontakte sind Computerprogramme integraler Bestandteil des modernen Geschäftsalltags. In diesem Kapitel werden einige Beispiele für kommerzielle Anwendungen von Computerprogrammen in der modernen Gesellschaft vorgestellt.

Ein Beispiel ist die Verwendung von Enterprise Resource Planning (ERP)-Systemen. Diese Systeme integrieren verschiedene Geschäftsprozesse wie Lagerbestandsverwaltung, Buchhaltung und Personalwesen in einer einzigen Softwarelösung. Mehrere Abteilungen einer Firma können gemeinsam auf diese Plattform zugreifen und die Informationen in Echtzeit miteinander teilen. ERP-Systeme helfen dabei, die Effizienz von Unternehmen zu erhöhen, da sie schnelle und präzise Entscheidungsfindungen ermöglichen.

Ein weiteres Beispiel sind Kundenbindungssysteme wie das Customer Relationship Management (CRM). Diese Systeme erlauben es Unternehmen, ihre Beziehungen zu Kunden zu managen, indem sie Interaktionen und Kontaktpunkte aufzeichnen und verwalten. CRM-Systeme enthalten wichtige Informationen wie Kundenkontaktdaten, Kaufhistorie und Kontaktverlaufsdaten, die Entscheidungen auf Basis von Daten unterstützen. Durch die Verwendung von CRM-Systemen sind Unternehmen in der Lage, personalisierte Interaktionen mit Kunden zu führen und sie besser zu verstehen.

Computerprogramme werden auch in der Produktion eingesetzt. Automatisierte Produktionslinien erlauben es Unternehmen, Produkte präziser und effizienter zu produzieren. Es wird erwartet, dass sich der Einsatz von Robotern in der Fertigung mit zunehmender Automatisierung steigern wird. Automatisierte Fertigungen haben den Vorteil, dass sie mit höherer Geschwindigkeit arbeiten und weniger Ausfallzeiten als menschliche Arbeiter haben. Da sie keine Ruhepausen benötigen, können automatisierte Fertigungssysteme 24 Stunden am Tag, sieben Tage die Woche laufen. Dies spart Unternehmen Zeit und Geld.

Darüber hinaus gibt es auch Tools und Anwendungen, die es Unternehmen ermöglichen, Daten und Informationen in Echtzeit zu analysieren. Das Aufkommen von Big Data hat Unternehmen dazu ermutigt, Datenanalyse-Tools wie Business Intelligence (BI)-Software zu verwenden. Diese Tools können Daten aus verschiedenen Quellen sammeln, analysieren und visualisieren, um den Entscheidungsprozess zu vereinfachen. Unternehmen können so Entscheidungen schnell auf der Grundlage von Daten treffen, die in Echtzeit geliefert werden.

Schließlich spielt auch die Einführung von E-Commerce-Systemen in der modernen Gesellschaft eine wichtige Rolle. Das Online-Shopping ist in den letzten Jahren stark gestiegen und hat den Einzelhandel grundlegend verändert. E-Commerce-Systeme ermöglichen Kunden, Produkte online zu kaufen und zu bezahlen, was es Unternehmen ermöglicht, neue Kundengruppen zu erreichen. Unternehmen verfügen nun über die Möglichkeit, Online-Shops zu betreiben, um Produkte und Dienstleistungen direkt an Kunden zu verkaufen.

Insgesamt sind Computerprogramme und -anwendungen zu

einem wichtigen Bestandteil des modernen Geschäftsalltags geworden. Sie ermöglichen es Unternehmen, schnelle Entscheidungen auf Basis von Daten zu treffen, Prozesse zu automatisieren und den Kundenkontakt zu optimieren. Die Verbreitung von E-Commerce-Systemen und automatisierter Produktion hat den Einzelhandel und die Fertigung in der Zukunft grundlegend verändert.

GEISTIGE EIGENTUMSRECHTE UND PATENTSTREITIGKEITEN IN DER COMPUTERSOFTWAREINDUSTR IE

Die Computersoftwareindustrie erlebt in Bezug auf geistige Eigentumsrechte und Patentstreitigkeiten eine sehr turbulente Zeit. In dieser Branche sind Patente sehr wertvoll, da sie den Inhabern das exklusive Recht geben, ihre Erfindungen zu nutzen und davon zu profitieren, ohne dass andere dies tun können. Auch wenn es einige Vorteile gibt, gibt es auch einige Nachteile dieser Art von Patenten.

Auf der einen Seite können Patente Innovation und Wettbewerb fördern. Sie bieten Erfindern und Entwicklern die Möglichkeit, ihre Ideen und Erfindungen zu schützen und von ihnen zu profitieren. Sie bieten auch ein starkes wirtschaftliches Anreizsystem, das dazu beitragen kann, dass Unternehmen in Forschung und Entwicklung investieren. So können Patente Innovationen einer breiten Öffentlichkeit zugänglich machen, da sie veröffentlicht werden müssen und somit die Technik transparenter gemacht wird.

Die Nachteile von Patenten in der Computersoftwareindustrie sind jedoch recht offensichtlich, da die Industrie schnelllebig und schnell wachsend ist, was bedeutet, dass Dinge sehr schnell geändert werden. Ein Patent kann zu einem Hindernis werden, wenn es andere Entwickler daran hindert, ähnliche Ideen zu entwickeln oder ihre eigenen Innovationen zu schaffen, nur weil jemand anderes das vorher schon patentiert hat.

Patentverletzungen in der Computersoftwareindustrie sind ein häufiges Problem und können sehr kostspielig werden. Unternehmen können ihre Konkurrenz vor Gericht verklagen, wenn sie glauben, dass diese ihre Entwicklungen ohne die entsprechenden Rechte nutzen. Ein berühmtes Beispiel ist der Motorola-Prozess gegen Microsoft, bei dem Motorola Microsoft bezichtigte, Geschäftsgeheimnisse missbraucht und Patente verletzt zu haben.

Ein weiterer Fall war das Patentstreitverfahren zwischen Apple und Samsung, welches ein viel diskutiertes Thema unter Tech-Enthusiasten war. Für Apple ging es darum, Patente wie das Slide-to-Unlock-Patent, das Pinch-to-Zoom-Patent, das Patent auf das angebissene Apple-Logo und viele weitere zu verteidigen. Samsung hingegen wies die Klage zurück und behauptete, dass sie nicht gegen die Patente verstoßen hätten.

Die wachsende Bedeutung von Cloud Computing und Open-Source-Software hat dazu geführt, dass Urheberrechtsverletzungen, Reverse Engineering und Piraterie in der Softwarebranche zugenommen haben. Das Abfangen von Daten und die Entscheidung der Nutzer, Daten auf unbegrenzten öffentlichen Speichern in der Cloud zu speichern, hat Sicherheitsexperten veranlasst, sich gegen solche Unachtsamkeiten im Zusammenhang mit der Datensicherheit auszusprechen.

Um den Schutz geistiger Eigentumsrechte in der Computersoftwareindustrie zu verbessern, wurde in den USA das America Invents Act verabschiedet. Dieses Gesetz soll die US-Patentgesetze modernisieren und die Effizienz und Genauigkeit der Patentausschreibungen verbessern. Der Schwerpunkt liegt auf der Verhinderung von Scherzpatenten und der Schaffung eines besseren Schutzes gegen Patentverletzungen.

Zusammenfassend lässt sich sagen, dass geistige Eigentumsrechte und Patentstreitigkeiten in der Computersoftwareindustrie sehr wichtig sind und die Entwicklung der gesamten Branche ausmachen. Unternehmen tun ihr Bestes, um ihre Entwicklungen und Innovationen zu schützen, aber das bedeutet auch, dass andere möglicherweise daran gehindert werden, ähnliche oder sogar bessere Ideen zu entwickeln. Letztendlich kommt es darauf an, ein Gleichgewicht zwischen Schutz und Innovation zu finden.

www.ingramcontent.com/pod-product-compliance
Lightning Source LLC
Chambersburg PA
CBHW071144220526
45467CB00015B/1908